ABÉCÉDAIRE
RÉCRÉATIF, INSTRUCTIF ET MORAL,
OU NOUVELLE
MÉTHODE AMUSANTE,
POUR
APPRENDRE AUX ENFANTS LES PREMIERS ÉLÉMENTS DE LA LECTURE,

CONTENANT :

LES PRIÈRES DU MATIN, DU SOIR ET DE LA
MESSE, DES PRECEPTES TIRÉS DE L'ÉCRI-
TURE SAINTE, UN ABREGÉ DE L'HISTOIRE
DES ANIMAUX ET DES ARTS ET MÉ-
TIERS, UN PETIT TRAITÉ D'OR-
THOGRAPHE ET D'ARITHMÉ-
TIQUE ET LES MAXIMES
DE L'HONNÊTE
HOMME.

NOUVELLE ÉDITION ORNÉE DE 25 FIGURES.

AVIGNON.
Pierre CHAILLOT Jeune, Imprimeur-Libraire.

1844.

La Maman donne des joujoux aux Enfants sages.

ABÉCÉDAIRE

RÉCRÉATIF, INSTRUCTIF ET MORAL,

OU NOUVELLE

MÉTHODE AMUSANTE,

POUR

APPRENDRE AUX ENFANTS LES PREMIERS
ÉLÉMENTS DE LA LECTURE,

CONTENANT :

LES PRIÈRES DU MATIN, DU SOIR ET DE LA
MESSE, DES PRECEPTES TIRÉS DE L'ÉCRI-
TURE SAINTE, UN ABREGÉ DE L'HISTOIRE
DES ANIMAUX ET DES ARTS ET MÉ-
TIERS, UN PETIT TRAITÉ D'OR-
THOGRAPHE ET D'ARITHMÉ-
TIQUE ET LES MAXIMES
DE L'HONNÊTE
HOMME.

NOUVELLE ÉDITION ORNÉE DE 25 FIGURES.

AVIGNON.

Pierre CHAILLOT Jeune, Imprimeur-Libraire.

1842.

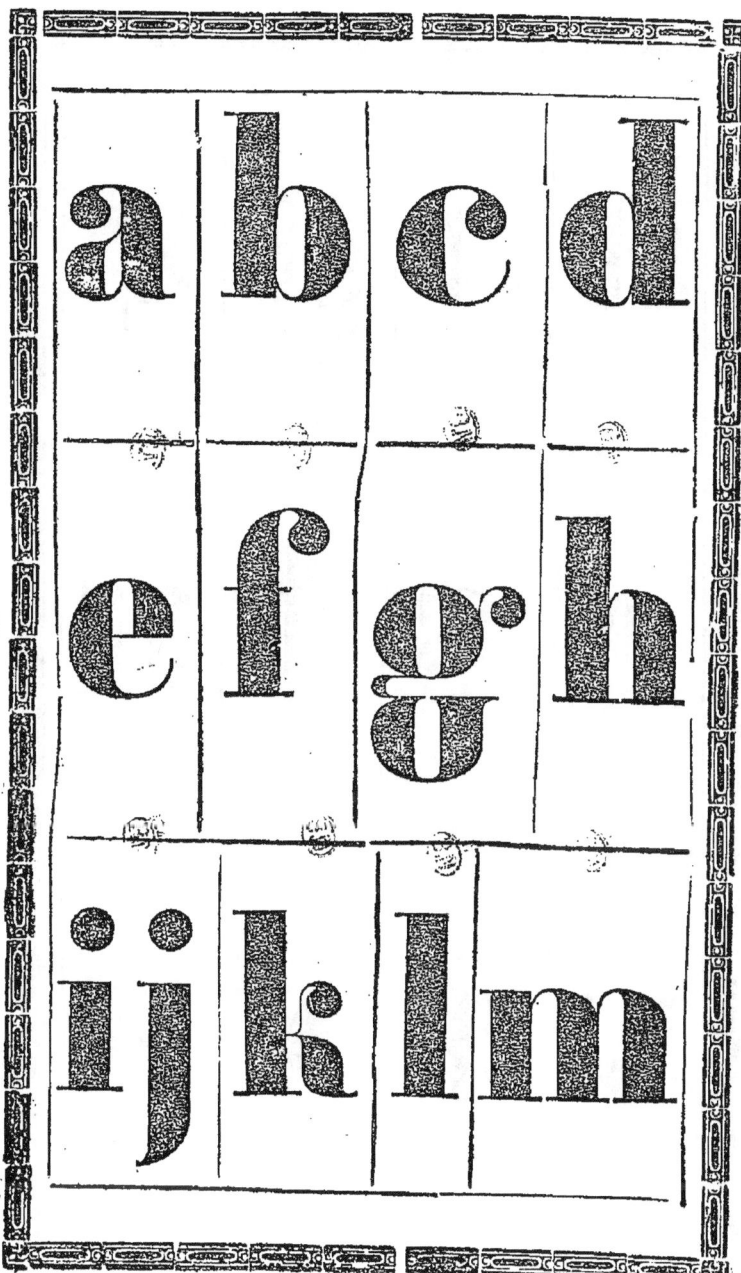

A B C D
E F G H
I J K L M
N O P Q
R S T U
V X Y Z.
Æ OE W Ç

Figures des Lettres comparées.

A	a	*A*	*a*	𝒜	a
B	b	*B*	*b*	ℬ	b
C	c	*C*	*c*	𝒞	c
D	d	*D*	*d*	𝒟	d
E	e	*E*	*e*	ℰ	e
F	f	*F*	*f*	ℱ	f
G	g	*G*	*g*	𝒢	g
H	h	*H*	*h*	ℋ	h
I	i	*I*	*i*	ℐ	i
J	j	*J*	*j*	𝒥	j
K	k	*K*	*k*	𝒦	k
L	l	*L*	*l*	ℒ	l

M	m	*M*	*m*	𝔐	m
N	n	*N*	*n*	𝔑	un
O	o	*O*	*o*	𝔒	o
P	p	*P*	*p*	𝔓	q
Q	q	*Q*	*q*	𝔔	p
R	r	*R*	*r*	ℜ	v
S	s	*S*	*s*	𝔖	sa
T	t	*T*	*t*	𝔗	tn
U	u	*U*	*u*	𝔘	u
V	v	*V*	*v*	𝔙	v
X	x	*X*	*x*	𝔛	xx
Y	y	*Y*	*y*	𝔜	y
Z	z	*Z*	*z*	𝔷	z.

Syllabaire simple.

	a	e	é	è	ê	i	ou y o	u
B	a	be	bé	bè	bê	bi	bo	bu
C	a	ce	cé	cè	cê	ci	co	cu
D	a	de	dé	dè	dê	di	do	du
F	a	fe	fé	fè	fê	fi	fo	fu
G	a	gue	gué	guè	guê	gui	go	gu
		ge	gé	gè	gê	gi		
H	a	he	hé	hè	hê	hi	ho	hu
J	a	je	jé	jè	jê	ji	jo	ju
K	a	ke	ké	kè	kê	ki	ko	ku
L	a	le	lé	lè	lê	li	lo	lu
M	a	me	mé	mè	mê	mi	mo	mu
N	a	ne	né	nè	nê	ni	no	nu
P	a	pe	pé	pè	pê	pi	po	pu
Qu	a	que	qué	què	quê	qui	quo	quu
R	a	re	ré	rè	rê	ri	ro	ru
S	a	se	sé	sè	sê	si	so	su
T	a	te	té	tè	tê	ti	to	tu
V	a	ve	vé	vè	vê	vi	vo	vu
X	a	xe	xé	xè	xê	xi	xo	xu
Z	a	ze	zé	zè	zê	zi	zo	zu

Syllabaire composé.

bla	ble	bli	blo	blu
bra	bre	bri	bro	bru
cha	che	chi	cho	chu
cla	cle	cli	clo	clu
cra	cre	cri	cro	cru
dra	dre	dri	dro	dru
fra	fre	fri	fro	fru
fla	fle	fli	flo	flu
gla	gle	gli	glo	glu
gra	gre	gri	gro	gru
pha	phe	phi	pho	phu
pla	ple	pli	plo	plu
pra	pre	pri	pro	pru
tra	tre	tri	tro	tru
vra	vre	vri	vro	vru

Lettres liées ensemble.

æ œ fi ffi ff fl ffl w

æ œ fi ffi ff fl ffl w

Mots à épeler.

Pa pa.	Ar ti chaut.
Ma ma.	A bri cot.
Jou jou.	Ar ro soir.
Bon bon.	A breu voir.
Cou teau.	Ré ser voir.
Gâ teau.	E gru geoir.
Cha peau.	Ba lan ce.
Bé guin.	Con fi an ce.
Jar din.	Com plai re.
Rai sin.	Ger çu re.
Chi en.	Brû lu re.
Car lin.	En ge lu re.
Se rin.	Con fi tu re.
Voi sin.	Ra quet te.
Mas se pain.	Ja quet te.
Car ton.	Noi set te.
Pois son.	Cein tu re.
Han ne ton.	Fri su re.
Hé ris son.	Cou ver tu re.
Pa pil lon.	Pa ra sol.
Hi ron del le.	Tour ne sol.
De moi sel le.	Ros si gnol.
Vail lan ce.	Sur veil lan ce.
Pa ti en ce.	Fa mi li a ri té.

La bou reur.   Ho no ra ble ment.
Bien veil lan ce.   Ex tra va gan ce.
Ré glis se.   Il lu mi na tion.
E cre vis se.   Os ten ta ti on.
Bas cu le.   In di gna ti on.
Re non cu le.   Dis si pa ti on.
Ri di cu le.   Vo mis se ment.
Ar ti fi ce.   E va nou is se ment.
Bé né fi ce.   E blou is se ment.
Hu mi li té.   I nu ti le ment.
Do ci li té.   Heu reu se ment.
Vi va ci té.   Sin gu li è re ment.
Hon nê te té.   At ten ti ve ment.
Vo ra ci té.   Gran de ment.
Sin gu la ri té.   Ad mi ra ble ment.
Im pé tu o si té.   Cer tai ne ment.
Ra pi di té.   In sen si ble ment.
In tré pi d. té.   In hu mai ne ment.
Am bas sa deur.   Vé ri ta ble ment.

Phrases à épeler.

C'est Dieu qui a fait le soleil : Dieu a fait tout ce que nous voyons : il est le maître de tout, il sait tout.

Pour plaire à Dieu, un enfant doit obéir à ses parents, et s'appliquer à bien lire.

Il faut que cha cun tra vail le : celui qui ne tra vail le pas ne mé ri te
pas de man ger.

Ne dé ro bez ri en.

Ne vous met tez pas en co lè re.

L'en fant doux se fait ai mer.

On ché rit l'en fant com plai sant.

Ne mé pri sez per son ne.

L'en fant le plus ins truit n'est pas
ce lui qui par le le plus.

Si vous dé si rez trop, vous ne serez ja mais heu reux.

Pour qu'on sup por te vos dé fauts,
sup por tez ceux des au tres.

Si vous vou lez vous fai re ai mer,
ren dez vous ai ma ble.

Ne fai tes pas à vos ca ma ra des
ce que vous se riez fâ ché qu'ils vous
fis sent.

*Le pain se fait a vec de la fa ri ne, la
fa ri ne se fait a vec du blé. Pour a voir
du blé, il faut le se mer ; a vant de se-
mer, il faut la bou rer.*

La sagesse de l'enfant le
rend plus aimable.

PRIÈRE

POUR DIRE LE MATIN ET LE SOIR.

L'Oraison Dominicale.

Notre Père qui êtes aux Cieux, que votre nom soit sanctifié, que votre règne arrive, que votre volonté soit faite en la terre comme au ciel. Donnez-nous aujourd'hui notre pain quotidien, et pardonnez-nous nos offenses comme nous pardonnons à ceux qui nous ont offensés, et ne nous induisez point en tentation, mais délivrez-nous du mal.

Ainsi soit-il.

La Salutation Angélique.

Je vous salue, Marie, pleine de grace; le Seigneur est avec vous, vous êtes bénie entre toutes les femmes, et Jésus, le fruit de votre ventre, est béni.

Sainte Marie, Mère de Dieu, priez pour nous, pauvres pécheurs, maintenant et à l'heure de notre mort.

Ainsi soit-il.

Le Symbole des Apôtres.

Je crois en Dieu, le Père Tout-Puissant, Créateur du ciel et de la terre, et en Jésus-Christ son Fils unique, notre Seigneur, qui a été conçu du Saint-Esprit, est né de la Vierge Marie, a souffert sous Ponce-Pilate, a été crucifié, est mort, et a été enseveli, est descendu aux enfers, le troisième jour est ressuscité des morts; est monté aux Cieux, est assis à la droite de Dieu le Père Tout-Puissant, d'où il viendra juger les vivants et les morts.

Je crois au Saint-Esprit, à la sainte Eglise catholique, la Communion des Saints, la rémission des péchés, la resurrection de la chair, la vie éternelle. Ainsi soit-il.

La Confession des Péchés.

Je me confesse à Dieu Tout-Puissant, à la bienheureuse Marie toujours Vierge, à saint Michel Archange, à Saint-Jean-Baptiste, aux Saints Apôtres Pierre et Paul, à tous les Saints (et à vous, mon Père), que j'ai beaucoup péché par pensées, par paroles et par actions : c'est ma faute, c'est ma faute, c'est ma très-grande faute ; c'est pourquoi je prie la bienheureuse Marie toujours Vierge, saint Michel Archange, saint Jean-Baptiste, les saints Apôtres Pierre et Paul, tous les Saints (et vous, mon Père), de prier pour moi le Seigneur notre Dieu. Ainsi soit-il.

ACTE DE FOI.

Mon Dieu, je crois fermement tout ce que votre sainte Eglise Catholique croit, parce que c'est vous, la vérité infaillible, qui l'avez dit.

ACTE D'ESPÉRANCE.

Mon Dieu, j'espère le pardon de mes péchés et mon salut, par votre miséricorde et par les mérites infinis de N.-S. J.-C. mon Sauveur.

ACTE DE CHARITÉ.

Mon Dieu, faites-moi la grace de vous aimer de tout mon cœur, de toutes mes forces, et mon prochain comme moi-même, pour l'amour de vous.

ACTE DE CONTRITION.

Mon Dieu, j'ai grand regret de vous avoir offensé, parce que vous êtes infiniment bon, infiniment aimable, et que le péché vous déplaît ; je me propose fermement, avec le secours de votre sainte grace, de m'en corriger et de m'en confesser.

A. AUTRUCHE.

Cet oiseau, dont les plumes sont si larges, si belles, est presque aussi haut qu'un homme monté à cheval : c'est le plus grand des oiseaux. Outre qu'il a les jambes longues, il se sert de ses ailes pour mieux courir, quand le vent est favorable. Le vent est bien commode, quand on sait le mettre à profit : le forgeron se sert du vent pour allumer son feu ; le batelier dresse ses voiles pour faire avancer son bateau, le boulanger nettoie son blé avec une roue garnie de quatre volans : nous-mêmes, nous nous procurons du vent, en agitant l'air avec un éventail.

AGRICULTEUR.

C'est l'homme qui cultive la terre, fait venir le blé et les végétaux qui nous nourrissent.

L'agriculture est le premier des arts ;

otre premier besoin étant la nourriture,
espectez l'homme qui s'y livre, comme
'tant le plus utile à ses semblables.

Armurier.

L'armurier fabrique les sabres, les épées, les
istolets, les fusils et toutes les armes offensives
t défensives.

BOULANGER.

Le Boulanger a une espèce de
offre qu'on appelle pétrin, où il dé-
aye avec de l'eau, la farine et le le-
ain, qui est une pâte aigre qui fait
ever le pain et le rend plus léger.

Quand la pâte est bien pétrie on
a coupe par morceaux, auxquels
n donne la forme du pain qu'on pla-
e dans un endroit chaud pour laiser à la pâte le temps de se lever.

Dans cet intervalle, l'on chauffe
e four, en y fesant brûler du bois
edans. Quand il est assez échauf-
é, on en retire les cendres, et on

y place les morceaux de pâte, qui bientôt prennent une belle couleur dorée et se cuisent sans se brûler. Quand il est bien cuit, on le retire avec une pelle de bois, et c'est alors qu'il sert à nos besoins. Le pâtissier fait aussi des pâtes, tourtes, etc. mais ces gourmandises nuisent à la santé.

BOSSU.

Ceux qui se moquent des bossus, ont grand tort. Il est rare qu'on soit bossu par sa faute; d'ailleurs les bossus ont de l'esprit. Comme ils se sentent exposés aux mauvaises plaisanteries, à cause de leur difformité, ils font de bonne heure usage de toute leur raison, pour gagner du côté des talens, ce qui leur manque du côté du corps.

―――――――――――

C. CHAMEAU.

Sans le secours de cet animal, qui peut passer jusqu'à dix jours sans boire, il aurait été impossible de traverser des déserts, où le voyageur ne trouve que des sables brûlans.

Le chameau seul peut rendre autant de services que le cheval, l'âne et le bœuf réunis. Il n'est pas plus délicat que l'âne sur la qualité de la nourriture. Sa chair, quand il est jeune, est aussi bonne que celle du veau, et son poil est plus recherché que la belle laine. Il marche vite, porte des fardeaux très-pesans, et réunit, à ces qualités utiles, une autre plus précieuse encore, la docilité. Au simple commandement de son maître, il vient s'agenouiller entre les ballots, pour lui épargner jusqu'à la peine de les élever.

CHARRON.

Le charron est l'ouvrier qui fait des charrettes et des charrues. Le plus difficile de son travail est de faire une roue. Avec deux roues et un essieu, il monte une charrette, et voilà de quoi porter le fruits à la ville, et rendre mille autres services aussi importans.

Chapelier.

Le Chapelier par le moyen de la foule, espèce de préparation que l'on donne aux peaux de castor, de lièvre, de lapin etc. fabrique des chapeaux. L'on fait aussi des chapeaux avec un tissu de soie fabriqué pour cet usage.

D. **DISTILLATEUR.**

Le Distillateur tire du vin, l'eau de-vie, et fait les autres liqueurs. Il exprime des fleurs des odeurs délicieuses, ainsi il nous fait jouir au fort de l'hiver des parfums de la rose, etc.

Pour avoir la quintessence d'une liqueur, on la met sur le feu, et c'est la vapeur ou la fumée humide qui s'en élève et que l'on conduit dans un autre vase par le moyen d'un tuyau ou alambic, qui forme cette quintessence.

DROMADAIRE.

Ce qui distingue le dromadaire du chameau, c'est qu'il n'a qu'une bosse sur le dos ; du reste, ces deux animaux se res-

semblent autant par la conformation que par la docilité. On fait avec leur poil, qui tombe tous les ans, des chapeaux fins et de très-belles étoffes.

E. ÉLÉPHANT.

L'Éléphant est le plus grand de tous les animaux à quatre pieds. Avec son nez, qu'on appelle trompe, il peut dénouer des cordes, déboucher une bouteille, ramasser la plus petite chose, faire, en un mot, tout ce que les hommes font avec la main : on nomme ivoire les deux longues dents qui sortent de sa mâchoire supérieure. Cet animal est très-susceptible d'affection, très-intelligent et très-docile. Rarement on le voit seul ; il aime à se trouver en compagnie. Dans les voyages, le plus âgé conduit la troupe ; les plus faibles sont au milieu, et les mères portent leurs petits, qu'elles tiennent embrassés avec leur trompe. Ce qu'on va lire prouve bien leur intelligence ; un peintre voulait dessiner un éléphant la gueule béante; pour cela il s'était fait accompagner d'un jeune élève qui jetait de tems en tems des fruits à l'animal ; mais comme souvent il n'en faisait que le geste : l'éléphant impatienté s'en prit au maître, et gâta tout le dessin sur lequel il travaillait.

EPICIER.

L'Epicier est ainsi nommé, parce qu'il vend des épices, telles que poivre, girofles, muscades; il vend aussi des drogues, des aromates, de la cannelle, du sucre, des huiles, du vinaigre, et nombre d'autres denrées qui servent à nos premiers besoins.

Ebeniste.

L'ébeniste est celui qui fabrique les meubles qui ornent nos sallons et qui servent à notre usage. Le nom d'ébeniste lui vient de ce que les plus beaux meubles sont en bois d'ébène.

F. FERBLANTIER.

Le fer-blanc est une espèce de fer plus doux que l'autre, que l'on applatit, et qui est à peine plus épais qu'une feuille de papier.

L'ouvrier qui le met en œuvre s'appelle Ferblantier ; il fait avec ce fer nombre d'ustensiles surtout de cuisine, tels que des assiettes, des vases, des écumoires, des léchefrites, des casseroles, etc.

FRUITIÈRE.

Il ne suffit pas d'obliger, il faut craindre d'humilier ceux à qui l'on donne.

« *Un jour je me trouvai à une fête*
» *de village, disait, à ce sujet, un*
» *homme célèbre : après dîner la com-*
» *pagnie fut se promener dans la foire,*
» *et s'amusa à jeter aux paysans des piè-*
» *ces de monnaie, pour le plaisir de les*
» *voir se battre en les ramassant ; pour*
» *moi, suivant mon humeur solitaire, je*
» *m'en fus promener tout seul de mon*

» côté ; j'aperçus une petite fille qui ven-
» dait des pommes : elle avait beau van-
» ter sa marchandise, elle ne trouvait
» plus de chalans ; combien toutes vos
» pommes, lui dis-je ? ---- Toutes mes
» pommes ! reprit-elle, et la voilà en mê-
» me temps à calculer en elle-même. ---
» Six sous, me dit-elle. --- Je les prends,
» lui dis-je, pour ce prix, à condition
» que vous irez les distribuer à ces sa-
» voyards que vous voyez là-bas, ce
» qu'elle fit aussitôt. Ces enfans furent
» au comble de la joie de se voir réga-
» lés, ainsi que la petite fille de s'être
» défaite de sa marchandise. Je leur au-
» rais fait moins de plaisir, si je leur
» avais donné de l'argent. Tout le monde
» fut content, et personne ne fut hu-
» milié. »

Forgeron.

Le forgeron est celui qui confectionne tous les instruments d'agriculture.

G. GIRAFFE.

Lorsque la giraffe a pris son accroissement, elle est trois fois plus haute que le plus grand cheval ; mais cette grandeur n'est pas proportionnée ; car le cou en fait presque la moitié : d'ailleurs, les jambes de derrière sont trop courtes par rapport à celles de devant. Avec ce défaut, la giraffe ne peut pas bien courir : aussi, quoiqu'elle ne soit pas farouche, on n'a pas essayé d'en faire une monture. Il en est des animaux comme des hommes, on ne les recherche qu'à raison de leur utilité. On trouve des giraffes en Afrique. Leur peau est marquée de petites taches blanches sur un fond brun.

GAZIER.

Le Gazier fait la gaze à peu près comme le Tisserand fait la toile, à la différence qu'il écarte beaucoup plus les fils et qu'il met dessus une gomme, qui, en les tenant à une distance égale, donne à la gaze de la fermeté.

Gantier.

Le gantier fabrique avec les peaux de cerf, de chevreuil, de daim et autres animaux, les gants qui servent à défendre nos mains du froid.

―――――――――

H. HORLOGER.

L'Eau, la Terre, l'Air et le Feu ont été employés pour mesurer le temps qui nous échappe. Le Soleil marque les heures du jour; mais quand il ne brille pas, on ne saurait pas l'heure qu'il est, si on n'avait pas trouvé le moyen de les marquer exactement.

Avant que les horloges, les pendules et les montres fussent inventées, on ne connaissait que les cadrans solaires, les sabliers et les clepsydres ou horloges d'eau.

HANNETON.

Comme le hanneton vole brusquement,

on *dit en proverbe* : Etourdi *comme un hanneton. Cet insecte, à cause de sa docilité, est un de ceux que les enfants ont choisi pour leur amusement. Malheur aux vauriens qui se donnent le barbare plaisir de le priver de ses pattes ou de ses ailes.*

I. IMPRIMEUR.

Les livres n'ont pas toujours été aussi communs qu'ils le sont aujourd'hui. Autrefois il fallait être bien riche pour s'en procurer, parce qu'on mettait beaucoup de tems à les écrire ; à présent qu'on les imprime, la besogne va si vîte, que deux ouvriers en moins d'un jour, font sans peine ce que trente écrivains n'auraient pas fait dans un mois. Chaque lettre est moulée sur un petit carré ; ces carrés s'arrangent dans un cadre : on les couvre d'encre, et, en foulant avec une presse, on a autant de feuilles imprimées qu'on a mis de feuilles de papier blancs sur le cadre.

L'impression en taille-douce, s'exécute sur des planches en cuivre; dans l'impression en lettres, c'est le relief qui s'imprime, et dans la taille-douce c'est le creux.

○-○

J.   JARDINIER.

Si l'on ne cultivait que des fleurs, et si l'on ne cueillait que des fruits, on serait tenté de croire que le jardinage n'est qu'un amusement; mais quand il faut labourer, fumer et arroser la terre, le Jardinier qui ne fait que cela du matin au soir, sait seul quelles fatigues on éprouve pour parer un parterre ou un potager.

JOKO.

Le joko est un grand singe qui marche comme l'homme, appuyé sur un baton. En général, les singes ont de l'industrie; mais ils sont grimaciers et même un peu méchants. Lorsqu'on les attaque ils se défendent en jetant des pierres à leurs ennemis. Pour piller un verger, ils se mettent à la file, et se font passer de l'un à l'au-

tre les fruits qu'ils mettraient trop de temps à aller chercher.

K.   KACARO,

JOUEUR DE GOBELETS.

Kacaro, fameux joueur de gobelets, était un homme qui, dans Paris, amusait les oisifs, et étonnait les ignorants.

Placé devant une petite table sur laquelle sont trois gobelets de fer-blanc, une petite baguette à la main, et un tablier à poche devant lui, c'est ainsi qu'il se présente sur les places publiques.

L.   LION.

Le lion est un animal terrible. Avec sa queue, il peut étreindre cruellement un homme, lui casser une jambe, et même le tuer ; mais il n'attaque que lorsque la faim le presse. Pris jeune, il s'apprivoise, et à tout âge il est sensible aux bienfaits.

Une lionne que l'on tenait enchaînée, fut atteinte d'un mal violent qui l'empêchait de manger : comme on désespérait de sa guérison, on lui ôta sa chaîne, et on jeta son corps dans un champ. Ses yeux étaient fermés, et sa gueule se remplissait de fourmis, lorsqu'un passant l'aperçut. Croyant remarquer quelque reste de vie dans cet animal, il lui lava le gosier avec de l'eau et lui fit avaler un peu de lait. Un remède si simple eut les effets les plus prompts. La lionne guérit, et elle conçut une telle affection pour son bienfaiteur, qu'elle se laissait conduire avec un cordon comme le chien le plus familier. Tel est le pouvoir des bienfaits sur les caractères mêmes les plus rebelles.

LUNETIER.

Remerciez celui qui a inventé les lunettes, il nous a rendu un bien grand service, et surtout ne vous permettez jamais de rire de ceux qui en portent. Elles furent inventées vers l'an 1300 : avant cette époque les hommes perdaient la vue

long-temps avant de mourir, alors ils étaient réduits à ne voir que les grands objets, ou à ne voir qu'imparfaitement.

Luthier.

Le luth étant un des plus anciens instruments de musique à cordes, on a donné le nom de luthier à l'ouvrier qui fabrique des luths, les violons et les guittares.

M. MOULIN.

Un joli moulin bien ombragé par des peupliers, des saules et des aulnaies, et placé sur le bord d'une petite rivière, est quelque chose de bien agréable à voir. Le bruit des écluses, celui du tictac du moulin, mêlé aux cris aigus des canards qui nagent sur les eaux, tout porte à mon ame des idées riantes. Je veux m'asseoir à l'ombre sur le bord de la rivière.

Le moulin à vent est fait comme le moulin à eau; la différence est qu'il a de grandes ailes au lieu d'une roue, et que c'est le vent qui les fait tourner.

MARMOTTE.

Ce petit animal se tient assis comme l'écureuil, pour prendre sa nourriture, et se sert des pieds de devant pour la porter à sa bouche. Rien de plus facile que de l'apprivoiser ; aussi les petits paysans des montagnes l'apportent-ils dans nos villes, pour le faire danser au son de la vielle. Aux approches de l'hiver, plusieurs marmottes se réunissent pour construire, sur le penchant d'une montagne, un grand terrier à deux ouvertures, qui a la forme d'un Y.

Maçon.

Le maçon bâtit les maisons et les palais, sans lui nous n'habiterions que des cabanes.

N. NID.

Un nid d'oiseau est un chef-d'œuvre, par la manière dont les feuilles sèches, le duvet et le crin y sont disposés. Une autre merveille, c'est la manière dont les petits y sont élevés. La mère se tient près d'eux pour les échauffer, tandis que le père vient dégorger dans leurs becs des alimens à demi-digérés. Ces enfans chéris sont dociles : ils attendent pour voler qu'on leur en ait donné le signal ; ils s'essayent sous les yeux de leur père, et ne prennent d'autre nourriture que celle qui leur est indiquée.

NAVIGATEUR.

On appelle ainsi celui qui se hasarde dans un vaisseau pour parcourir les mers et découvrir des pays lointains.

Vous savez que la mer est une quantité immense d'eau, et que lorsqu'on est éloigné du rivage, on ne voit plus que le ciel et les flots, jugez donc combien le premier qui s'avisa de traverser cet élément perfide devait être audacieux ?

Notaire.

Le notaire est un officier public qui reçoit et qui passe les contrats et tous les actes qui tient *volontairement les citoyens dans leurs rapports civils.*

O. ORFEVRE.

L'Orfévre est l'artiste qui fait et vend de l'argenterie, tels que des plats, des couverts, des vases et autres objets.

Un bon Orfévre doit non-seulement savoir couler l'or et l'argent, mais il doit encore savoir le ciseler, le polir et en faire différents ornements ; il faut qu'il sache modéler, et qu'il ait une partie des connaissances nécessaires au sculpteur.

OURS.

L'Ours s'apprivoise, mais il faut le prendre jeune, autrement il conserverait son caractère farouche. Dans les bois, cet animal vit seul, par indifférence pour ceux de son espèce. Parmi les hommes, le goût de la retraite a quelquefois le même motif: on se prive du secours des autres, pour être dispensé de leur en porter.

Oiseleur.

L'oiseleur est celui dont le métier est de prendre les oiseaux aux filets, à la pipée, etc.

━━━━━━━━━━━━━━━━━━

P. **POLICHINEL.**

Deux enfans revenaient de la foire avec leur père. C'était en automne ; les jours commençaient à être courts, comme ils savaient le chemin, leur père ayant eu besoin de s'arrêter, leur dit de continuer leur route. Les voilà donc qui marchent doucement tous les deux en s'entretenant des curiosités qu'ils avaient vues à la foire. Tout-à-coup une lueur tremblottante parut au milieu du chemin. Leur premier mouvement fut de reculer, cependant l'aîné rappela à son frère ce que leur avait dit leur père, qu'il ne fallait pas s'effrayer de ce qui paraît extraordinaire dans les ténèbres, parce qu'en approchant, on découvrait que ce n'était rien : en effet, ils avancèrent et ils ne trouvèrent qu'un homme qui cherchait avec une lanterne sa bourse qu'il avait laissé tomber en tirant son mouchoir. Cet homme était le joueur de marionnettes de la foire : ils lui aidèrent à chercher sa bourse, et en reçurent pour récompense le polichinel qui les avait tant fait rire.

PEINTRE.

Nous n'entrerons pas dans de détails sur les différents genres de peintures : elles sont trop nombreuses ; nous ne parlerons que sommairement de cet art charmant, qui peut fixer sous nos yeux les plus belles scènes de la nature, les actions qui honorent l'humanité, et la figure des personnes que nous chérissons le plus. Quand la peinture ne ferait que nous conserver les traits d'un père et d'une mère respectable, ceux d'un ami, d'un époux, d'un frère ou d'une sœur, elle serait encore au nombre des premiers arts.

Pêcheur.

Le pêcheur est celui qui prend des poissons, aux filets, à la ligne ou autrement.

Q. QUINCAILLIER.

Voulez-vous des couteaux, des ciseaux, des crayons, des peignes, des épingles, des aiguilles, et mille autres choses ? Allez chez le Quincaillier, sa boutique en est fournie.

QUILLES.

Les jeux sont les délassemens de la jeunesse ; mais ce doivent être des jeux innocens, tels que la balle, le cerf-volant, les quilles et non pas des jeux où l'on risque de l'argent.

R. RHINOCEROS.

Cet animal est, après l'éléphant, un des plus gros qu'on connaisse. Sur le nez il porte une corne qui peut devenir meurtrière. Tout son corps est couvert d'un cuir que le fer ne saurait pénétrer. Au bout de sa lèvre supérieure, on aperçoit une excroissance pointue ; c'est cette excroissance qu'il allonge, et qui lui tient lieu d'une main. Sans être ni féroce, ni carnassier, ni même extrêmement farouche, le rhinocéros est cependant intraitable, il est à peu près en grand ce que le cochon est en petit, brusque, indocile et sans intelligence.

ROTISSEUR.

Si vous craignez d'être tenté de devenir gourmand, ne mettez pas les pieds dans la boutique d'un Rotisseur.

Figurez-vous plusieurs broches qui tournent devant le foyer, plusieurs casseroles qu'on remue sur les fourneaux : une odeur appétissante s'échappe de tous côtés ; et comment résister ?

Relieur.

Le relieur est l'ouvrier qui couvre les livres d'une peau de basanne, de veau ou de maroquin, pour les conserver ou pour les embellir.

S.   SERRURIER.

Le Serrurier doit être le plus instruit de ceux qui mettent le fer en œuvre ; il faut qu'il soit mécanicien, et qu'il sache dessiner, pour inventer les ressorts qu'on demande et pour donner de la grace à ses ouvrages. Dans ce cas, il n'est plus un simple ouvrier, c'est un artiste.

SERPENT.

Quoique les serpens n'aient pas de pattes, ils marchent à leur manière, et assez vite ; ils rampent, en se servant d'une partie de leur ventre comme d'un point d'appui. Leur retraite ordinaire est dans les lieux humides, sous des tas de fumier, sous des feuilles mortes, dans des trous souterrains, où ils vivent d'herbes, de mouches, d'insectes, d'araignées, de grenouilles et de souris.

Sculpteur.

Si le peintre représente à l'aide des pinceaux en

des couleurs la nature vivante, le sculpteur à l'aide de son ciseau transmet à la postérité les statues des grands hommes qui ont bien mérité de la patrie.

T. TIGRE.

Le tigre n'est pas aussi fort que le lion ; mais il est plus à craindre, parce qu'il est plus cruel. Rassasié ou à jeun, il n'épargne aucun animal, et ne quitte une proie que pour en égorger une autre. Heureusement l'espèce n'en est pas nombreuse. Dans la captivité, il déchire la main qui le caresse, comme celle qui le frappe. Cet animal a beaucoup de rapports avec le chat : il est, comme lui, hypocrite et caressant par envie de mal faire.

TONNELIER.

Vous avez vu des tonneaux pour deviner à-peu-près comme on les fait. Le Tonnelier fait encore des seaux, des baquets, des cuves, des barils et des barates pour mettre le beurre.

Tisserand.

Le tisserand est celui qui à l'aide de la navette travaille les toiles dont nous nous servons pour les chemises, etc.

───────────────────

U. USURIER.

Sans doute, vous ne savez pas ce que c'est qu'un Usurier ? Un Usurier est un homme qui prête son argent à ceux qui en ont besoin, mais qui le prête à condition qu'on lui donnera de forts intérêts outre la somme qu'il a prêtée.

Il est permis de prêter son argent à un intérêt modéré : dans ce cas, on se rend même utile, mais il n'y a que les avares, les gens sans délicatesse : et, disons-le, sans probité, qui profitent du besoin d'un malheureux, et ne lui prêtent une somme d'argent que pour en retirer une beaucoup plus grosse que celle qu'ils lui ont avancée.

UNAU.

On a donné à cet animal le surnom de paresseux, parce qu'il est extrêmement lent. Cependant sa lenteur est moins l'effet de la paresse que du défaut de conformation. Il lui faut un jour pour grimper sur un arbre; et pour en descendre, il est obligé de se laisser tomber. Malgré sa misère, on ne peut pas dire que l'unau soit malheureux, parce qu'il n'est pas né sensible.

V.   VAISSEAU.

Il s'en faut de beaucoup que toute la terre soit solide : on voit des ruisseaux couler aux pieds des montagnes; ces ruisseaux, en se joignant à d'autres, forment des rivières; les rivières composent des fleuves, et les fleuves contribuent à former ces amas d'eau qu'on appelle mers. Pour franchir ces espaces, il fallait des supports; pour cela, on a d'abord imaginé de creuser des arbres, puis on a joint des planches ; mais il y avait loin de ces mauvais bateaux à nos grands vaisseaux de guerre, qui portent jusqu'à douze cents hommes avec des provisions pour six mois.

VENDANGEUR.

Vive la vendange ; c'est un temps de joie et d'espérance. Dès que le raisin est bien mûr, on se répand dans les vignes, on coupe les grappes, on les met dans un panier qu'on vide dans des hottes ; ces hottes sont à leur tour vidées dans la cuve, qui est comme un demi-tonneau extrêmement grand.

Là, on laisse un peu le raisin se presser sous son propre poids, et ensuite des hommes montent dans la cuve et foulent les grappes pour en faire sortir le vin.

Verrier.

Ouvrier qui fabrique les ouvrages des verres tels que bouteilles, carafes, etc.

X.   XAVIER

LE VINAIGRIER.

Voulez-vous du vinaigre ? qui est-ce qui veut du vinaigre ?

C'est ainsi que crie dans les rues le petit Xavier, marchand de vinaigre, en poussant sa brouette devant lui.

Mais celui qui fait le vinaigre se tient ordinairement dans une boutique ; il vend aussi de la moutarde.

XÉNOPHON.

C'est le nom d'un historien célèbre. On appelle historien celui qui écrit tout ce qui arrive d'intéressant. S'il n'y avait pas eu de ces hommes utiles , nous ignorerions tout ce qui s'est passé avant notre naissance ; et s'il n'y en avait pas nous ne saurions ce qui se fait auprès de nous. Avec la connaissance de l'histoire on est l'homme de tous les pays et de tous les temps.

Y. YEUX.

Le caractère se peint dans les yeux. Le méchant a l'œil farouche : l'enfant sensible a le regard doux.

Nos yeux sont, sans doute, ce que nous devons soigner avec plus de vigilance ; car sans leur secours nous serions bien malheureux.

On nomme le médecin des yeux, Oculiste.

Z. *ZEBRE.*

La peau du Zèbre est rayée de noir et de jaune clair, avec tant de symétrie, qu'il semble qu'on a pris le compas pour la peindre. C'est un âne sauvage qui marche avec une grande vitesse, mais qu'on ne peut monter, parce qu'il est indocile et têtu. Avec sa gentillesse, on le préférerait au cheval, s'il était comme lui, susceptible d'éducation et familier.

COURTES PRIERES
DURANT LA MESSE.

En entrant dans l'Église.

Que ce lieu est terrible et vénérable! c'est ici la maison de Dieu et la porte du ciel : faites, Seigneur, que je sois dans le respect, et que je tremble à la vue de votre sanctuaire.

En prenant de l'eau-bénite, il faut faire le signe de la Croix et dire :

Mon Dieu, répandez en moi l'eau de votre grace, pour me purifier de plus en plus, afin que les adorations que je viens vous présenter vous soient agréables.

Avant que la Messe soit commencée.

Je viens, ô mon Dieu, pour assister au saint sacrifice : donnez-moi votre grace, afin que j'y assiste avec une foi vive, un amour ardent et une humilité profonde.

Pendant que le Prêtre est au bas de l'Autel.

J'ai péché, mon Dieu : je ne suis pas digne de lever les yeux au ciel, ni de regarder votre autel pour vous adorer; mais que tous les Saints vous prient pour moi. Je vous demande grace, mon Dieu tout-puissant, faites-moi miséricorde, et m'accordez le pardon de mes péchés, par Jésus-Christ notre Seigneur.

Quand le Prêtre monte à l'Autel.

Père céleste, qui êtes Dieu, ayez pitié de nous. Fils rédempteur du monde, qui êtes Dieu, ayez pitié de nous. Esprit-saint, qui êtes Dieu, ayez pitié de nous.

Au *Gloria in excelsis*.

Je vous adore, ô Père céleste, vous êtes le souverain seigneur, le roi du ciel, le Dieu tout-puissant. Je vous adore aussi, ô Jésus, mon sauveur ; vous êtes le seul saint, le seul seigneur, le seul très-saint, avec le Saint-Esprit, en la gloire de Dieu, le père.

Pendant les Oraisons.

Dieu tout-puissant, faites-nous la grace d'avoir l'esprit tellement rempli de saintes pensées, que toutes nos paroles et nos actions ne tendent qu'à vous plaire, par Jésus-Christ notre Seigneur.

A l'Epître.

Faites moi, ô mon Dieu, la grace d'aimer votre sainte parole, d'en apprendre les vérités et d'en pratiquer les préceptes, dès mon enfance.

A l'Évangile.

Seigneur, bénissez mon esprit, ma bouche et mon cœur, de sorte que mes pensées, mes paroles et mes actions soient réglées par votre évangile, et que je sois toujours prêts à marcher dans la voie des saints commandements qu'il contient.

Au *Credo*.

Augmentez ma foi, Seigneur, rendez-la agissante par la charité, et faites-moi la grace de vous être fidèle jusqu'à la mort, afin que je reçoive la couronne de vie.

A l'Offrande.

O Dieu qui dites dans votre parole, donnez-moi votre cœur, je vous offre le mien, en même temps que le Prêtre vous offre ce pain et ce vin : je vous offre aussi mon corps. Faites que ce corps et cette ame soient une hostie vivante, sainte et agréable à vos yeux.

Lorsque le Prétre lave ses doigts.

Lavez-moi, Seigneur, dans le sang de l'agneau sans tache, pour effacer de mon corps et de mon ame les moindres taches de péché.

A l'Orate fratres.

Que le Seigneur veuille recevoir ce saint sacrifice, pour sa gloire, pour mon salut et l'utilité de toute son église.

A la Préface.

Elevez, Seigneur, mon cœur au ciel, afin que je vous y adore avec les Anges, en disant comme eux : Saint, Saint, Saint, le Seigneur, le Dieu des armées ; les cieux et la terre sont remplis de la majesté de votre gloire.

Après le Sanctus.

Mon Dieu, défendez votre église contre tous ses ennemis visibles et invisibles, conduisez par votre grace, notre saint père le pape, notre saint évêque et les autres pasteurs à qui vous avez confié le soin des ames : bénissez mes parents, mes bienfaiteurs et mes amis, et particulièrement N. N.

Il faut ici penser aux personnes pour qui on est obligé de prier.

Avant la consécration.

Nous vous prions, Seigneur, que votre juste colère étant apaisée, vous receviez favorablement l'offrande que nous allons vous présenter : donnez-nous la paix pendant le reste de nos jours, et mettez-nous au nombre de vos élus.

A l'élévation de la sainte Hostie.

C'est là votre corps, ô mon divin Sauveur ; je le crois, parce que vous l'avez dit : j'adore ce corps sacré avec une humilité profonde, et je l'offre à votre père pour mon salut.

A l'élévation du Calice.

O précieux sang qui avez été répandu pour nous sur la croix, je vous adore, je vous crois véritablement dans le calice : je suis prêt à répandre mon sang pour l'honneur de vous ; guérissez-moi, purifiz-moi, sanctifiez-moi.

Après l'Élévation.

Faites-moi la grace, ô mon Dieu, de me souvenir toujours que ce corps sacré qui est maintenant présent sur l'autel a été livré à la mort, et que ce divin sang qui est dans le précieux calice a été répandu pour mon salut, afin que je vous serve toute ma vie avec ardeur. Souvenez-vous aussi de cette mort, afin que vous me pardonniez mes péchés avec miséricorde.

Au Memento des morts.

Souvenez vous, Seigneur, de vos serviteurs et de vos servantes qui sont morts dans la foi, et qui dorment du sommeil de la paix, et particulièrement de N. N.

Il faut ici penser aux morts pour qui l'on doit prier.

Pardonnez-leur, ô mon Dieu, le reste de leurs péchés et leur accordez votre saint paradis, afin qu'ils se reposent de leurs peines.

Au Nobis quoque peccatoribus.

Seigneur, ayez pitié de moi, qui suis un misérable pécheur, et daignez, nonobstant mon indignité, m'accorder un repos éternel avec tous vos Saints.

A la seconde Élévation.

Recevez, mon Dieu, cette offrande du corps et du sang de votre fils, et rendez-moi participant des mérites de sa mort. Père céleste, avec lui, par lui et en lui, vous appartiennent toute la gloire et la louange.

Au *Pater noster.*

Il faut dire *Notre Père*, etc. page 15.

Après le *Pater.*

Délivrez-nous, Seigneur, par votre bonté, de tous les maux passés, présents et à venir, et assistez-nous du secours de votre miséricorde, afin que nous ne soyons jamais esclaves du péché.

A l'*Agnus Dei.*

Agneau de Dieu, qui effacez les péchés du monde, ayez pitié de nous.

Agneau de Dieu, qui effacez les péchés du monde, ayez pitié de nous.

Agneau de Dieu, qui effacez les péchés du monde, donnez-nous la paix.

Au *Domine, non sum dignus.*

Seigneur, je ne suis pas digne que vous entriez dans mon corps; mais dites seulement une parole, et mon ame sera guérie.

O mon doux Jésus qui désirez si ardemment vous unir à nous, je vous ouvre mon cœur pour vous y recevoir comme mon Sauveur et mon Dieu.

Lorsque le Prêtre communie.

Que votre corps, ô mon divin Rédempteur, et votre sang précieux purifient mon corps et mon ame; qu'ils me fortifient et me nourrissent sur la terre, jusqu'à ce que je sois rassasié de votre présence dans le ciel.

Après la communion.

Mon Dieu, ne laissez pas rentrer dans mon ame le péché que vous en avez banni par le baptême; que Jésus-Christ mon Sauveur vive toujours en moi, et que je sente sa divine présence, en faisant des actions conformes à celles qu'il a faite, lorsqu'il était sur la terre.

A la Bénédiction.

Que Dieu tout-puissant nous bénisse, le Père, le Fils et le Saint-Esprit. Ainsi soit-il.

A l'Évangile selon S. Jean.

Jésus, mon Sauveur, vous êtes le fils unique de Dieu, vous êtes Dieu comme le père et le Saint-Esprit. Cependant pour nous sauver vous êtes venu au monde, vous avez souffert la mort, vous vous rendez présent sur le saint autel. O que vous nous aimez parfaitement! faites-moi la grace de vous aimer de tout mon cœur et de vous servir tous les jours de ma vie.

Après la Messe.

Seigneur Jésus qui avez dit: *Laissez venir à moi les enfants*, je suis venu aujourd'hui près de votre saint autel où je savais que vous deviez venir, et j'ai eu la consolation de vous y revoir: que je ne m'en retourne pas sans avoir eu la satisfaction de ressentir les effets de votre sainte bénédiction. Renvoyez maintenant votre serviteur en paix, puisque mes yeux ont vu mon Sauveur. Bénissez-moi de telle sorte que, pendant les jours de ma jeunesse et pendant tout le cours de ma vie, je me souvienne de vous qui êtes mon Créateur et mon Rédempteur, et que je prenne bien garde de vous offenser jamais, Jésus, mon Sauveur, qui êtes aussi mon Dieu.

MAXIMES

TIRÉES

DE L'ÉCRITURE SAINTE.

Enfants, obéissez à vos pères et à vos mères en ce qui est selon le Seigneur, car cela est juste. *Ephes.* 5.

Il faut plutôt obéir à Dieu qu'aux hommes. *Act.* 5.

Celui qui aime son père et sa mère plus que moi n'est pas digne de moi. *S. Matth.* 10.

Honorez votre père et votre mère afin que vous soyez heureux et que vous viviez long-temps sur la terre. *Deut.* 5.

Maudit celui qui n'honore point son père et sa mère. *Deut.* 27.

Celui qui outragera son père et sa mère de paroles est digne de mort. *Exod.* 21.

Celui qui frappera son père et sa mère est digne de mort. *Exod.* 21.

Mon fils, soulagez votre père dans sa vieillesse et ne l'attristez pas durant sa vie, car la charité que vous aurez eue pour votre père ne sera pas mise en oubli devant Dieu. *Eccl.* 3.

Un enfant qui est sage est la joie de son père, et l'enfant insensé est la tristesse de sa mère. *Prov.* 29.

Le méchant se moque de la correction de son père; mais celui qui se soumet au châtiment en deviendra plus sage. *Prov.* 15.

L'enfant abandonné à sa volonté couvrira de confusion sa mère, et il deviendra insolent. *Prov.* 26.

Ne rendez point votre fils maître de ses actions pendant qu'il est jeune, et ne négligez point ce qu'il fait et ce qu'il pense. *Eccl.* 30.

Instruisez votre fils, et appliquez-vous à le former, de peur qu'il ne vous déshonore par une vie honteuse. *Eccl.* 30.

L'enfant qui dérobe quelque chose à son père et à sa mère, et qui dit que ce n'est pas un péché, a part au crime des homicides. *Prov.* 18.

Enfants, obéissez à vos supérieurs, et soyez soumis à leurs ordres, car ce sont eux qui veillent pour le salut de vos ames, comme devant en rendre compte à Dieu. *Hébr.* 13.

Celui qui aime à être repris aime la science; mais celui qui hait les reprimandes s'égare. *Prov* 10.

Celui qui est de Dieu écoute les paroles de Dieu ; c'est pour cela que vous ne les écoutez pas, parce que vous n'êtes pas de Dieu. *S. Jean*, 8.

Mon fils, demandez toujours conseil à un homme sage. *Tobie*, 4.

Portez honneur et respect à ceux qui ont les cheveux blancs. *Liv.* 19.

Celui qui fréquente des personnes sages devient sage. *Prov.* 13.

Rendez-vous service les uns aux autres par un esprit de charité. *Gal.* 5.

Soyez toujours prêts à faire du bien à vos frères et à tout le monde. *Tess.* 5.

Edifiez-vous les uns les autres, rendez vous parfaits, et excitez-vous au bien. 2. *Cor.* 13.

N'ayez point de liaisons avec les méchants. *Eccl.* 7.

Eloignez-vous des mauvaises langues, et que les médisans soient loin de vous. *Prov.* 4.

Mon fils, ayez Dieu présent à l'esprit tous les jours de votre vie, et ne consentez jamais au péché, et ne violez jamais les préceptes de la Loi du Seigneur notre Dieu. *Tobie*, 5.

Ceux qui commettent le péché sont ennemis de leur ame. *Tobie*, 12.

Evitez le mal et faites le bien. *Ps.* 16.

Celui qui commet le péché est enfant du diable, et celui qui est né de Dieu ne commet point de péché. *Epître S. Jean*, 3.

Tâchez d'avoir la paix avec tout le monde, et d'avoir la sainteté, sans laquelle personne ne verra Dieu. *Héb.* 12.

Que votre lumière luise devant les hommes, afin qu'ils voient vos bonnes œuvres, et qu'ils en glorifient votre Père qui est dans le Ciel. *S. Matth* 5.

Faites toutes vos actions dans un esprit de charité. 1. *Cor.* 16.

Quiconque s'élève sera abaissé, et quiconque s'humilie sera élevé. *S. Luc*, 14.

Celui qui a de la vanité et de l'orgueil sera en abomination devant Dieu. *Prov.* 16.

Le jeune homme suit sa première voie dans sa vieillesse même, et ne la quittera point. *Prov.* 22.

Vous aimerez le Seigneur votre Dieu de tout votre cœur, de toute votre ame et de tout votre esprit. *Matth.* 22.

Vous adorerez le Seigneur votre Dieu, et ne servirez que lui seul. *S. Luc*, 4.

Sachez que Dieu vous fera rendre compte au jour du jugement de toutes les choses que vous aurez faites dans votre jeunesse. *Eccl.* 11.

Craignez Dieu, et observez ses commandements, car c'est là le tout de l'homme. *Eccl.* 12.

Si vous voulez entrer dans la vie éternelle observez mes commandements. *S. Matth.* 19.

Heureux ceux dont les mœurs et la vie sont pures, et qui se conduisent suivant la Loi de Dieu. *Ps.* 118

Rien ne manque à ceux qui craignent le Seigneur. *Ps.* 33.

Le juste est plus heureux avec le peu de biens qu'il possède, que les méchants avec leurs grands biens. *Ps.* 39.

Mon fils, ne craignez point; il est vrai que nous sommes pauvres, mais nous aurons beaucoup de biens si nous craignons Dieu et si nous nous éloignons de tout péché, et si nous faisons de bonnes actions. *Tobie*, 4.

Ne portez point envie aux méchants, et ne désirez pas d'être comme eux. *Prov.* 24.

Les méchants et les scélérats périront, et ceux qui abandonnent le Seigneur seront consumés. *Isaïe*, 1.

Quand vous entrez dans la maison du Seigneur considérez où vous êtes. *Eccl.* 4.

Tremblez devant mon Sanctuaire, car je suis le Seigneur votre Dieu. *Lévit.* 19.

Si quelqu'un profane le temple de Dieu, Dieu le perdra. *Cor.* 3.

Veillez et priez, afin que vous ne succombiez pas à la tentation. *S. Matth.* 26.

Mon fils, avez vous péché, ne péchez plus; mais priez pour vos fautes passées, afin qu'elles vous soient pardonnées. *Eccl.* 31.

Après que vous aurez mangé, et que vous serez rassasié, bénissez le Seigneur votre Dieu, qui vous a donné tous ces biens. *Deut.* 8.

Soit que vous mangiez, soit que vous buviez, ou quelque chose que vous fassiez, faites tout pour la gloire de Dieu et au nom de Jésus-Christ notre Seigneur, en rendant graces à Dieu le Père par lui. 1. *Cor.* 10.

Le soir, le matin et à midi, je raconterai et je chanterai les louanges du Seigneur, et il écoutera ma voix. *Ps.* 54.

Souvenez-vous de sanctifier le jour du Sabbat. *Exod.* 20.

Faites de dignes fruits de pénitence. *S. Matth.* 3.

Je vous le dis en vérité, que si vous ne vous convertissez, vous n'entrerez point dans le royaume des Cieux. *S. Matth.* 18.

Si vous ne faites pénitence vous périrez tous de la même manière. *S. Luc.* 13.

Faites pénitence, et convertissez vous, afin que vos péchés soient effacés. *Act.* 3.

Si nous confessons nos péchés, Dieu est fidèle et juste pour nous les pardonner, et pour nous purifier de toute iniquité. 1. *Ep. S. Jean*, 1.

Ne rougissez point et n'ayez point de honte de confesser vos péchés, et ne vous soumettez point à toutes sortes de personnes pour le péché. *Eccl.* 4.

Vous aimerez votre prochain comme vous-même. *S. Matth.* 22.

Mes petits enfants, n'aimez point vos frères de parole ni de langue, mais par des œuvres et en vérité. *Ep. S Jean*, 3.

Traitez les autres comme vous voudriez en être traités; car c'est là toute la Loi et les Prophètes. *S. Matth.* 7.

Vous ne déroberez point, et vous ne désirerez rien des biens de votre prochain. *Exod.* 20.

La crainte du Seigneur est le commencement de la sagesse; les méchants méprisent la sagesse et la science. *Prov.*

Celui qui méprise la sagesse et l'instruction est malheureux. *Sag.* 3.

C'est du Seigneur que vient toute la sagesse. *Eccl.* 3.

La sagesse n'entrera point dans une ame maligne, et elle n'habitera point dans un corps assujetti au péché. *Sag* 1.

Pratiquez en toutes choses l'humilité, la douceur et la patience, en vous supportant les uns les autres avec charité. *Ephes.* 4.

Ecoutez avec docilité ce que l'on vous dit, afin de le bien comprendre, et de donner une réponse sage et juste. *Eccl.* 18.

Ne répondez point avant que d'avoir écouté, et n'interrompez personne au milieu de son discours. *Eccl.* 11.

Instruisez vous avant que de parler. *Eccl.* 18.

Ne jugez point, et vous ne serez point jugé ; ne condamnez point, et vous ne serez point condamné. *S. Luc.* 6.

Mes enfants, ne parlez point mal des uns et des autres ; celui qui médit de son frère et qui juge son frère, parle contre la Loi. *S. Jacques.*

Que si quelqu'un aime la vie et désire que ses jours soient heureux, qu'il empêche sa langue de médire, que ses lèvres ne prononcent pas des paroles trompeuses. 1. *S. Pierre.* 3.

Ne soyez point lâches dans votre devoir, et conservez-vous dans la ferveur de l'esprit, considérant que c'est le Seigneur que vous servez. *Rom.* 12.

Faites avec plaisir et de bon cœur ce que vous ferez, comme le faisant pour le Seigneur. *Colos.* 3.

Fuyez les disputes et les querelles. *Tit.* 3.

Vous ne porterez point de faux témoignages contre votre prochain. *Exod.* 10.

Le faux témoin ne demeurera point impuni, et celui qui dit des mensonges périra. *Prov.* 19.

N'inventez point de faussetés contre votre frère, contre votre ami, et donnez-vous de garde de faire aucun mensonge. *Eccl.* 7.

Aimez vos ennemis ; faites du bien à ceux qui vous haïssent ; bénissez ceux qui parlent mal de vous, et priez pour ceux qui vous calomnient. *S. Luc*, 6.

Ne rendez à personne le mal pour le mal. *Rom.* 12.

Que toute aigreur, tout emportement et toute colère soient bannis d'entre vous. *Ephes.* 4.

Ne cherchez point à vous venger, et ne conservez point de souvenir de l'injure de vos compagnons. *Lév.* 16.

Oubliez toutes les injures que vous avez reçues de votre prochain, et ne faites rien pour vous en venger. *Eccl.* 10.

Ne rougissez point de dire la vérité, car il y va de votre salut. *Eccl.* 4.

Ayez le mal en horreur, et attachez-vous fortement au bien. *Ps.* 36.

N'usez point de mensonges les uns envers les autres. *Colos.* 3.

Donnez-vous de garde de faire des mensonges, car l'habitude de mentir est très mauvaise. *Eccl.* 74.

Le Seigneur a en horreur le menteur et le témoin trompeur qui assure des mensonges. *Prov.* 6.

L'oisiveté apprend beaucoup de mal. *Eccl.* 33.

Tout paresseux est toujours pauvre. *Prov.* 21.

Celui qui ne veut point travailler ne doit point manger. *Tess.* 3.

L'homme est né pour le travail, comme l'oiseau pour voler. *Job.* 4.

Mon fils, ménagez le temps, et évitez le mal. *Eccl* 4.

ACCENTS.

´ Aigu.

` Grave.

^ Circonflexe.

Ces accents mettent une grande différence dans la manière dont on prononce les lettres sur lesquelles ils sont placés; ainsi l'on ouvre beaucoup plus la bouche pour prononcer l'e du mot *procès*, que pour prononcer celui du mot *bonté*.

L'e sur lequel on met un accent aigu, s'appelle un *é* fermé; celui sur lequel on place un accent grave, s'appelle un *è* ouvert.

On met l'accent circonflexe sur les voyelles qu'on prononce en appuyant, comme dans ces mots : *Blâme, tempête, gîte, trône, flûte*.

Il y a cinq voyelles *a, e, i, o, u* : on les appelle voyelles parce qu'elles remplissent seules la voix.

Il n'en est pas de même des autres lettres : on les nomme consonnes, parce qu'elles n'ont de son qu'avec une autre lettre; ainsi quand on prononce un *b*, le son est le même que s'il y avait un *e* à côté.

Le tréma (¨) est un signe qui avertit qu'il faut prononcer la voyelle sur laquelle il se trouve, séparément de la lettre qui suit; ainsi, dans le mot *haïr*, on prononce *ha-ir*, parce qu'il y a un tréma, et non pas *hair*.

L'apostrophe (') se met en haut, à la place d'une voyelle supprimée, comme dans les mots : *L'arbre*, *l'oiseau*, parce qu'il aurait été trop dur de dire : *Le arbre*, *le oiseau*.

Le trait d'union (-) se met entre deux mots qui n'en forment qu'un, comme : *Porte-faix, porte clef, porte-crayon.*

La cédille (¸) se met en bas, sous la lettre ç, pour avertir qu'on doit prononcer *c* comme une *s*; par exemple, dans le mot *Leçon*.

Les guillemets (») sont deux virgules qui marquent que les mots devant lesquels ils se trouvent sont le langage de quelqu'un qui n'est pas celui qui parlait auparavant : on s'en sert encore pour faire connaître les mots, les lignes qui sont empruntés d'un autre livre.

La parenthèse ( ) se compose de deux crochets : elle marque que ce qui est renfermé entre elles, est détaché de ce qui précédait et de ce qui suit.

Virgule (,) pour s'arrêter un peu.

Point et Virgule (;) pour s'arrêter davantage.

Deux points (:) pour s'arrêter davantage encore.

Point (.) pour s'arrêter tout-à-fait.

Point d'interrogation (?)

Point d'admiration ou d'exclamation (!)

Ceux qui composent les livres ne placent pas tous ces signes indifféremment.

La virgule (,) marque les différentes parties d'une phrase, c'est à-dire, d'un assemblage de mots qui contribuent à former le même sens.

Le point et la virgule (;) marque que la phrase n'est pas entièrement finie.

Les deux points (:) marque qu'une phrase est finie, mais qu'elle dépend d'une phrase composée, dont toutes les parties sont liées avec la principale.

Le (.) marque que la phrase est finie.

Le point d'interrogation (?, suit une question. Où allez vous ?

Le point d'admiration (!) se place après ce qui exprime l'exclamation : Grand Dieu ! et l'admiration : Que vous êtes bon !

DU CALCUL.

0	1	2	3
zéro,	un,	deux,	trois,
4	5	6	7
quatre,	cinq,	six,	sept,
8	9	10	
huit,	neuf,	dix.	

Ces caractères s'appellent chiffres arabes; ils servent à compter.

Pour exprimer des nombres plus considérables, sans avoir recours à d'autres caractères, on est convenu que de dix unités on n'en ferait qu'une, à laquelle on donnerait le nom de *dizaine*, et que l'on compterait par dizaines comme on compte par unités ; c'est-à-dire, que l'on dirait deux dizaines, trois dizaines, etc., jusqu'à neuf dizaines ; que, pour présenter ces nouvelles unités, on emploierait les mêmes chiffres que pour les unités simples, et qu'on les distinguerait de celles-ci, en les plaçant à leur gauche.

Ainsi, pour représenter *trente-quatre*, qui renferme trois dizaines et quatre unités, on est convenu d'écrire 34 ; pour représenter *soixante*, qui contient un nombre exact de six dizaines, sans aucune unité, on écrit 60. Zéro

CHIFFRES ARABES ET ROMAINS.

un	1	I.
deux	2	II.
trois	3	III.
quatre	4	IV.
cinq	5	V.
six	6	VI.
sept	7	VII.
huit	8	VIII.
neuf	9	IX.
dix	10	X.
onze	11	XI.
douze	12	XII.
treize	13	XIII.
quatorze	14	XIV.
qu n ze	15	XV.
seize	16	XVI.
dix-sept	17	XVII.
dix-hui	18	XVIII.
dix-neuf	19	XIX.
vingt	20	XX.
vingt-un	21	XXI.
vingt-deux	22	XXII.
vingt-trois	23	XXIII.
vingt-quatre	24	XXIV.
vingt-cinq	25	XXV.
vingt-six	26	XXVI.
vingt-sept	27	XXVII.
vingt-huit	28	XXVIII.
vingt-neuf	29	XXIX.
trente	30	XXX.

	Arabes.	Romains.
trente-un	31	XXXI.
trente-deux	32	XXXII.
trente-trois	33	XXXIII.
trente-quatre	34	XXXIV.
trente-cinq	35	XXXV.
trente-six	36	XXXVI.
trente-sept	37	XXXVII.
trente-huit	38	XXXVIII.
trente-neuf	39	XXXIX.
quarante	40	XXXX ou XL.
quarante-un	41	XLI.
quarante-deux	42	XLII.
quarante-trois	43	XLIII.
quarante-quatre	44	XLIV.
quarante-cinq	45	XLV.
quarante-six	46	XLVI.
quarante-sept	47	XLVII.
quarante-huit	48	XLVIII.
quarante-neuf	49	XLIX.
cinquante	50	L.
cinquante-un	51	LI.
cinquante-deux	52	LII.
cinquante-trois	53	LIII.
cinquante-quatre	54	LIV
cinquante-cinq	55	LV.
cinquante-six	56	LVI.
cinquante-sept	57	LVII.
cinquante huit	58	LVIII.
cinquante-neuf	59	LIX.
soixante	60	LX.

	Arabes.	Romains.
soixante-un	61	LXI.
soixante-deux	62	LXII.
soixante-trois	63	LXIII.
soixante-quatre	64	LXIV.
soixante-cinq	65	LXV.
soixante-six	66	LXVI.
soixante-sept	67	LXVII.
soixante-huit	68	LXVIII.
soixante-neuf	69	LXIX.
soixante-dix	70	LXX.
soixante-onze	71	LXXI.
soixante-douze	72	LXXII.
soixante-treize	73	LXXIII.
soixante-quatorze	74	LXXIV.
soixante-quinze	75	LXXV.
soixante-seize	76	LXXVI.
soixante-dix-sept	77	LXXVII.
soixante-dix-huit	78	LXXVIII.
soixante dix-neuf	79	LXXIX.
quatre-vingt	80	LXXX.
quatre vingt-un	81	LXXXI.
quatre-vingt-deux	82	LXXXII.
quatre-vingt-trois	83	LXXXIII
quatre-vingt-quatre	84	LXXXIV.
quatre-vingt-cinq	85	LXXXV.
quatre-vingt-six	86	LXXXVI.
quatre-vingt-sept	87	LXXXVII.
quatre-vingt-huit	88	LXXXVII
quatre-vingt neuf	89	LXXXIX.
quatre-vingt dix	90	XC.

		Arabes.	Romains.
quatre-vingt-onze		91	XCI.
quatre-vingt-douze		92	XCII.
quatre-vingt-treize		93	XCIII.
quatre-vingt-quatorze		94	XCIV.
quatre-vingt-quinze		95	XCV.
quatre-vingt-seize		96	XCVI.
quatre-vingt-dix-sept		97	XCVII.
quatre-vingt-dix-huit		98	XCVIII.
quatre-vingt-dix-neuf		99	XCIX.
cent		100	C.
deux cents		200	CC.
trois cents		300	CCC.
quatre cents		400	CCCC.
cinq cents		500	D.
six cents		600	DC.
sept cents		700	DCC.
huit cents		800	DCCC.
neuf cents		900	DCCCC.
mille.		1000	M.

Tableau de Multiplication.

2 fois 2 font 4	2 fois 10 font 20
2 fois 3 font 6	2 fois 11 font 22
2 fois 4 font 8	2 fois 12 font 24
2 fois 5 font 10	3 fois 3 font 9
2 fois 6 font 12	3 fois 4 font 12
2 fois 7 font 14	3 fois 5 font 15
2 fois 8 font 16	3 fois 6 font 18
2 fois 9 font 18	3 fois 7 font 21

3	fois	8	font	24	6	fois	7	font	42
3	fois	9	font	27	6	fois	8	font	48
3	fois	10	font	30	6	fois	9	font	54
3	fois	11	font	33	6	fois	10	font	60
3	fois	12	font	36	6	fois	11	font	66
4	fois	4	font	16	6	fois	12	font	72
4	fois	5	font	20	7	fois	7	font	49
4	fois	6	font	24	7	fois	8	font	56
4	fois	7	font	28	7	fois	9	font	63
4	fois	8	font	32	7	fois	10	font	70
4	fois	9	font	36	7	fois	11	font	77
4	fois	10	font	40	7	fois	12	font	84
4	fois	11	font	44	8	fois	8	font	64
4	fois	12	font	48	8	fois	9	font	72
5	fois	5	font	25	8	fois	10	font	80
5	fois	6	font	30	8	fois	11	font	88
5	fois	7	font	35	8	fois	12	font	96
5	fois	8	font	40	9	fois	9	font	81
5	fois	9	font	45	9	fois	10	font	90
5	fois	10	font	50	9	fois	11	font	99
5	fois	11	font	55	9	fois	12	font	108
5	fois	12	font	60	10	fois	10	font	100
6	fois	6	font	36					

LES MAXIMES

DE L'HONNÊTE HOMME.

Craignez un Dieu vengeur, et tout ce qui le blesse;
C'est là le premier pas qui mène à la sagesse.
Ne plaisantez jamais ni de Dieu ni des Saints :
Laissez ce vil plaisir aux jeunes libertins.
Que votre piété soit sincère et solide,
Et qu'à tous vos discours, la vérité préside.

Tenez votre parole inviolablement,
Mais ne la donnez pas inconsidérément.
Soyez officieux, complaisant, doux, affable,
Poli, d'humeur égale, et vous serez aimable.
Du pauvre qui vous doit n'augmentez point les maux ;
Payez à l'ouvrier le prix de ses travaux.
Bon père, bon époux, bon maître sans faiblesse ;
Honorez vos parens surtout dans leur vieillesse.
Du bien qu'on vous a fait soyez reconnaissant.
Montrez-vous généreux, humain et bienfaisant.
Donnez de bonne grâce : une bonne manière
Ajoute un nouveau prix au présent qu'on veut faire.
Rappelez rarement un service rendu ;
Le bienfait qu'on reproche est un bienfait perdu.
Ne publiez jamais les grâces que vous faites,
Il faut les mettre au rang des affaires secrètes.
Prêtez avec plaisir, mais avez jugement ;
S'il faut récompenser, faites-le dignement ;
Au bonheur du prochain ne portez pas envie ;
N'allez point divulguer ce que l'on vous confie.
Sans être familier ayez un air aisé,
Ne décidez de rien qu'après l'avoir pesé.
A la religion soyez toujours fidèle ;
On ne sera jamais honnête homme sans elle.
Aimez le doux plaisir de faire des heureux ;
Et soulagez surtout le pauvre vertueux.
Soyez homme d'honneur et ne trompez personne ;
A tous ses ennemis un cœur noble pardonne.
Aimez à vous venger par beaucoup de bienfaits,
Parlez peu, pensez bien, et gardez vos secrets.
Ne vous informez point des affaires des autres ;
Sans air mystérieux dissimulez les vôtres.
N'ayez point de fierté, ne vous louez jamais ;
Soyez humble, modeste, au milieu des succès

Surmontez les chagrins où l'esprit s'abandonne ;
Ne faites rejaillir vos peines sur personne.
Supportez les humeurs et les défauts d'autrui ;
Soyez des malheureux le plus solide appui.
Reprenez sans aigreur, louez sans flatterie ;
Ne méprisez personne, entendez raillerie.
Fuyez les libertins, les fats et les pédans ;
Choisissez vos amis, parmi d'honnêtes gens.
Jamais ne parlez mal des personnes absentes ;
Badinez prudemment les personnes présentes.
Consultez volontiers, évitez les procès ;
Où la discorde règne, apportez-y la paix.
Avec les inconnus usez de défiance ;
Avec vos amis même ayez de la prudence.
Point de folles amours, ni de vin, ni de jeux ;
Ce sont là trois écueils en naufrages fameux.
Sobre pour le travail, le sommeil et la table,
Vous aurez l'esprit libre et la santé durable.
Jouez pour le plaisir, et perdez noblement.
Sans prodigalité dépensez votre argent.
Ne perdez point le temps à des choses frivoles.
Le sage est ménager du temps et des paroles.
Sachez à vos devoirs immoler vos plaisirs :
Et pour vous rendre heureux modérez vos désirs.
Ne demandez à Dieu ni grandeur ni richesse ;
Mais pour vous gouverner demandez la sagesse.

FIN.